QUESTION

ALSACIENNE

PARIS

TYPOGRAPHIE DE A. POUGIN, 13, QUAI VOLTAIRE

1871

QUESTION ALSACIENNE

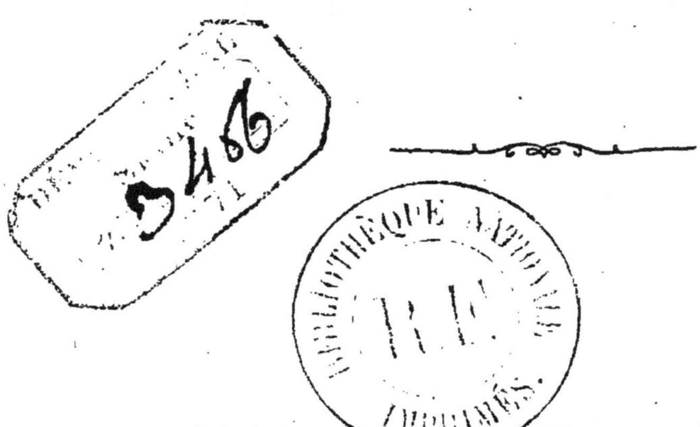

Le délai fixé pour l'entrée libre en France des produits alsaciens expire le 1er septembre prochain. Le Gouvernement français ne paraît pas disposé à le prolonger. Il y est poussé cependant avec une grande persistance par la diplomatie allemande et aussi par un groupe imposant de manufacturiers d'Alsace, qui paraîtraient disposés à déférer, au besoin, la question à l'Assemblée nationale, au moyen d'une interpellation dont quelques députés se rendraient les organes.

Dans ces circonstances, les industriels des Vosges, qui, par une réserve peut-être excessive, se sont abstenus presque complétement jusqu'ici de démarches actives, se croient forcés de sortir de leur inertie et de soumettre les observations qui suivent aux juges du débat.

En perdant l'Alsace, la France n'est pas seulement dépouillée de cette magnifique plaine qui s'étend, de Bâle à

Strasbourg, entre le Rhin et la chaîne des Vosges ; elle ne perd pas seulement une de ses plus riches, de ses plus patriotiques provinces : la blessure qui lui est infligée n'est, sous un autre aspect, ni moins grave ni moins profonde. Les richesses industrielles et commerciales que l'Allemagne s'est acquises par cette violente annexion augmentent, autant que l'extension territoriale, la puissance du vainqueur.

Placé à l'extrémité de la France, éloigné de toute voie naturelle de navigation, Mulhouse n'en est pas moins devenu un des centres d'industrie et de commerce les plus considérables du monde. La fabrication complète des tissus de coton, qui s'y pratique dans les plus grandes proportions, y a développé toutes les industries accessoires, entassé d'énormes capitaux.

Compter les centaines de mille broches de filature, les milliers de métiers à tisser, les immenses ateliers de blanchiment, de teinture, d'impression, de construction mécanique qui couvrent la haute Alsace ; additionner les centaines de millions qui y sont consacrés au développement de la production, ce n'est pas montrer la puissance de l'industrie alsacienne, qui gît avant tout dans le génie de ses habitants.

Tout ce que le travail, l'ordre, les sciences, les arts, peuvent faire pour l'accroissement rapide et continu des richesses est réalisé à Mulhouse. Rien n'y coûte d'abord pour répandre et fortifier l'instruction et distribuer à toutes les classes de citoyens les connaissances nécessaires au progrès de la fabrication et à la multiplication des débouchés. Ensuite, depuis la sortie des écoles jusqu'à l'âge le plus avancé, quelle que soit la fortune acquise, toutes les forces y sont dirigées vers le même but. Le million épargné l'an passé, au lieu d'être un motif de repos, un moyen de bien-être ou de plus grand luxe, n'est qu'un nouvel instrument de production ou de spéculation, un surcroît d'excitation au travail. C'est ainsi que l'Alsace est arrivée à la hauteur de prospérité où nous la voyons, prospérité qui rayonne autour de son propre foyer et concourt à la grandeur de l'Etat dans lequel elle se développe.

Voilà ce qui surexcitait les convoitises du vainqueur. Enlever à la France pour en doter l'Allemagne cette immense puissance productive appuyée sur d'énormes capitaux, c'était un but digne de fixer la perspicace ambition du diplomate à qui la Prusse doit ses succès.

Cette brillante conquête n'était pas sans danger. L'industrie allemande a compris d'abord que l'Alsace ne serait pas confondue avec elle sous le même régime douanier, sans la gêner, sans l'écraser peut-être, et à l'avance elle protestait contre l'annexion.

Mais si, tout en absorbant cette province, en utilisant ses forces militaires, agricoles, industrielles au profit de l'Allemagne, on parvient par des voies détournées à réserver aux produits de ses manufactures le marché français, le danger de la spoliation disparaît, et c'est ce qui a été réalisé, à titre intérimaire, par l'article 9 des préliminaires, ce qui est aujourd'hui sollicité à titre permanent, par des menées diplomatiques.

Un autre intérêt est engagé dans la question. Il ne suffit pas aux Allemands de s'emparer de nos richesses, ils veulent encore nous empêcher d'en créer de nouvelles!

Le groupe industriel et commercial dont Mulhouse est

le centre s'étend au delà des limites de l'annexion ; il déborde sur une partie des Vosges, de la Haute-Saône et du Doubs. Ces fragments, maintenant épars, vont désormais chercher un centre nouveau et faire des efforts afin de compléter un ensemble de fabrication dans lequel l'éloignement de Mulhouse a laissé des lacunes. Cette œuvre de centralisation et de complément est une nécessité absolue de notre position. Concevrait-on que la France restât d'une manière durable en tel état qu'elle ne pût finir un produit sans aller chercher une main-d'œuvre dans des contrées soumises à l'autorité de son ennemi, que la Bourse où se traitent ses affaires se tînt sous le coup du sabre prussien !

Si les délais assignés par les préliminaires au régime transitoire expirent réellement le 1ᵉʳ septembre, si la certitude irrévocable de ce terme est immédiatement acquise, dans peu de jours, vers Saint-Dié, vers Remiremont et Epinal, vers Belfort et Montbelliard, sur toute la frontière de l'Est s'élèveront des établissements appelés à rétablir l'équilibre rompu dans la production de notre contrée.

On peut désigner les emplacements choisis pour diverses grandes manufactures qui seraient en construction depuis longtemps si les déplorables bruits de prolongation des délais n'avaient été répandus et entretenus à dessein. Une partie des capitaux, à la formation desquels les Vosges ont contribué dans une si grande proportion, mais qui, jusqu'ici, sont restés en Alsace, auraient franchi la récente frontière et se seraient ou immobilisés sur le territoire resté français, dans des établissements qui nous font défaut, ou fixés dans nos villes pour l'alimentation de notre industrie, appauvrie par le régime économique des dix dernières années.

Le mouvement d'émigration alsacienne commençait, il est entièrement paralysé, et le sera tant que l'Allemagne restera assimilée pour la douane aux provinces françaises, tant qu'il restera quelques doutes sur la durée de cette assimilation. Pourquoi un déplacement, si Mulhouse reste le siége de la vie industrielle et commerciale de toute la contrée française et allemande ? Et quelle confiance aura-t-on dans la fin prochaine de cette situation, si une première prolongation, quelque restreinte qu'elle soit, vient constater la condescendance ruineuse de notre Gouvernement envers la Prusse ?

Prolongez les délais seulement de quelques semaines, et vous atteignez une saison où les constructions projetées, mais ajournées, ne sont plus possibles dans notre région ; les choses restent pour une année sans amélioration ; l'Allemagne, enrichie par les milliards que nous lui payons, absorbe, exploite, au moyen de l'Alsace, le marché français, étouffe sous son poids notre fabrication gênée, anéantit enfin les forces qui nous restent à l'aide des forces qu'elle nous ravit.

Si le nouvel autocrate du Nord croit incompatible avec a prospérité de ses anciens Etats l'annexion complète des nouveaux, qu'il reporte sa frontière au Rhin et abandonne à leurs aspirations françaises les populations industrieuses de notre Alsace ! Car, encore une fois, les concessions douanières qui nous sont demandées ou imposées ont pour but l'avantage de l'Allemagne beaucoup plus que l'utilité spéciale de l'Alsace même.

Nous savons bien que les agissements de la diplomatie prussienne, dans le sens de la prolongation du délai, s'appuient des sollicitations de quelques grandes maisons d'Alsace, que, certes, nous ne prétendons pas être intentionnellement les instruments de passions ennemies. De notre côté, si nous combattons ces sollicitations, ce n'est pas assurément par esprit d'hostilité à l'égard d'anciens amis dont nous nous trouvons malgré nous séparés ; c'est pour obéir aux nécessités de notre situation, en écartant l'obstacle que le provisoire actuel oppose au développement de l'industrie française.

Nous savons bien aussi que notre résistance revêt, dans les déclamations superficielles ou captieuses d'une certaine presse, une teinte d'égoïsme étroit et antipatriotique. « Nous sommes protectionnistes avant d'être Français, » s'écrie un ancien sénateur, autrefois dévoué aux intérêts exclusifs des indienneurs alsaciens et des tisseurs suisses.

Il importe de dégager la discussion de ce sentimentalisme affecté.

Et d'abord, une question se présente à l'esprit. Nul, jusqu'ici, n'a prétendu que M. de Bismark fût un grand patriote français ; on a toujours pensé au contraire que l'objectif de sa vie entière, le but qu'il poursuit avec un égal acharnement sur les champ de bataille et par les manœuvres diplomatiques, c'est la ruine, l'anéantissement définitif de la France. On n'a pas dit non plus qu'il fût tout à fait inintelligent, qu'il ne comprît rien aux choses de la politique, ni qu'il se laissât conduire par des inspirations aveugles ou irréfléchies. C'est lui pourtant qui a dicté l'article 9 des préliminaires, et c'est lui aujourd'hui qui insiste de tous ses efforts pour la prorogation du terme fixé par cet article. Comment se fait il donc que notre ennemi le plus implacable et le plus habile se trouve si parfaitement d'accord avec ceux qui nous dénient l'intelligence et le cœur français ?

Est-ce, d'ailleurs, par amour de la France que des manufacturiers d'Alsace veulent affranchir leurs produits des taxes nécessaires à l'acquit de nos dettes, à la reconstitution de nos armées ; qu'ils gardent en Allemagne leurs vastes ateliers et leurs énormes capitaux, de manière à pouvoir alimenter à la fois le marché allemand, qu'ils acquièrent, et le marché français, dont ils ne veulent pas abandonner la moindre fraction ; qu'ils réclament des mesures à l'aide desquelles ils maintiendraient notre industrie dans un état d'infériorité et de vasselage rendant notre concurrence illusoire? Est ce par des concessions lucratives que nos opulents compatriotes d'hier se trouveront consolés des douleurs de la séparation?

Mais laissons de côté ces considérations de personnes et de sentiments qui prennent si vite un caractère irritant, sans utilité pour la solution des questions, et abordons froidement l'examen des faits et de la situation réelle, en concentrant notre attention sur ce qui se rattache à l'industrie cotonnière, puisque c'est à son sujet qu'on sollicite si vivement en faveur de l'Alsace, mais en réalité au profit de l'Allemagne tout entière, le maintien des immunités résultant du traité de Francfort.

Le démembrement de la France laisse, avons-nous vu, à l'est de la chaîne des Vosges, sous la domination prussienne, plus des trois quarts de la fabrique de tissus qui s'est développée dans notre région ; il y laisse en presque totalité l'industrie préparatoire de la construction des machines et les industries complémentaires du blanchiment, de la teinture et de l'impression des étoffes ; il y laisse enfin la très-grande partie des capitaux qui vivifient toutes ces fabrications dont l'unique centre est resté à Mulhouse.
Entre les différentes parties du groupe ainsi composé il existait des rapports très-multipliés, très-compliqués, qu'il eût été difficile peut-être et surtout nuisible à l'Alsace de

rompre brusquement. Aussi fût-il stipulé, sans contradiction, dans le traité de paix, un régime transitoire dont la durée de six mois expire le 1er septembre prochain, aux termes duquel les marchandises de fabrication française ou alsacienne peuvent entrer ou rentrer en France exemptes de droits de douane.

Par une lacune singulière laissaut voir la main qui écrivit la clause, aucune réciprocité n'a été réservée aux marchandises allant de France en Alsace, à l'égard desquelles les franchises douanières n'ont été que de simples tolérances de la part du dictateur prussien à qui l'Alsace est soumise. Aussi celui-ci a-t-il pu décider par son avis-décret du 2 août courant que les lois allemandes sur les douanes entraient en vigueur en Alsace à partir du 7 août.

L'accès du territoire français n'est libre en principe que pour les produits de l'industrie française ou alsacienne. Afin donc de constater la provenance, on a adopté un système qui est bien, nous le croyons, le moins défectueux, mais qui ne présente cependant aucune garantie sérieuse et qui n'est tolérable que pour un temps fort court. Cet expédient consiste dans des *certificats d'origine* délivrés par un syndicat spécial sur l'engagement d'honneur pris par l'expéditeur et portant que la marchandise est d'origine et de fabrication exclusivement alsacienne ou française.

En définitive, la sincérité du certificat repose uniquement sur la déclaration de l'expéditeur qui, par là, s'exempte lui-même de l'impôt; et cet expéditeur n'est pas soumis à la loi française; il habite un territoire où l'autorité française est absolument méconnue, en sorte que l'amende qu'il peut encourir, la douane française, à qui elle doit revenir, n'a aucun moyen d'en assurer le recouvrement.

Comment ! on recule devant l'impôt sur le revenu par le motif principal qu'il a pour base à peu près nécessaire la déclaration du contribuable quand le fisc a dix moyens de contrôler sa véracité, qu'il a sous la main ses biens et au besoin sa personne, et l'on accepte tous les jours pour des sommes considérables des affirmations dépourvues de garantie et de sanction !

Le syndicat intervient, il est vrai, dans les rapports entre l'expéditeur étranger et ·la douane française, et, bien que lui-même siége en dehors des limites actuelles de la France, bien qu'il soit composé, au moyen d'une élection que l'autorité française ne peut contrôler, de négociants non soumis à la loi française, nous ne mettrons pas en doute assurément la loyauté de son concours ni l'activité soutenue de sa surveillance, parce que nous connaissons les membres qui le composent. Mais si l'existence du syndicat devait avoir quelque durée, est-ce que nous pourrions tenir le même langage ? Est-ce que nous savons comment et de qui il pourrait se recruter par la suite ?

Et d'ailleurs nous dirons avec M. N. Claude, député des Vosges, dans une lettre adressée à M. K. et insérée dans le *Mémorial* du 8 août :

« Les syndicats sont impuissants à empêcher la fraude ; il y aurait folie à prétendre qu'ils peuvent se porter garants de la loyauté et de l'honneur de tous les fabricants pris individuellement. Pour le filateur ou le tisseur alsacien qui veut faire passer notre frontière à ses produits, les syndicats seront toujours assimilés à des agents du fisc, que l'on trompe quand on peut, sans scrupule ni remords.

La conscience humaine est malheureusement très-tor-
tueuse et très-fragile sur ce point ; elle a besoin, pour se
raffermir, de quelques bons postes de douane.

Or, je soutiens que les syndicats, si vigilants qu'ils
soient, seront mis tous les jours en défaut. Je les défie
de résoudre d'une manière satisfaisante les cas suivants.

Un filateur suisse ou anglais vend à un tisseur alsacien
100,000 kilog. de filés, chaîne ou trame, que celui-ci con-
vertit en tissus destinés à la consommation française.
— L'opération du tissage a en quelque sorte dénationalisé
le filé et l'a naturalisé alsacien. Le tisseur introduit en
France cette chaîne ou cette trame sous forme de calicot.
Et voilà 100,000 kilos de filés suisses, anglais ou allemands, qui sont venus faire concurrence au travail français sans payer le moindre droit !

Autre cas. Un tisseur suisse ou allemand vend à un
blanchisseur, à un teinturier, à un indienneur de Mulhouse
10,000 pièces de calicots, qui se dénationalisent par le complément de main-d'œuvre qu'elles reçoivent. Elles entrent en
France sous forme de calicot blanc, teint ou imprimé. Qui
découvrira leur origine et dépistera une fraude si facile-
ment ourdie ?

Je n'ai pas besoin de multiplier les exemples; ces deux-
là suffisent pour montrer les défauts d'un système qui est
d'ailleurs rebelle à tout perfectionnement.

Il s'agit pour la France, hier si riche, aujourd'hui épui-
sée, de tirer de ses douanes toutes les ressources qu'elles
peuvent lui donner, et de veiller tout d'abord à ce qu'il
ne s'introduise point dans l'organisme douanier une fis-
sure par laquelle pénétreraient frauduleusement sur son
marché les produits étrangers. »

Ces critiques nous paraissent irréfutables et détruisent par sa base le régime des certificats d'origine, régime dont on demande cependant le maintien, complétement d'abord et pour quelques mois, partiellement ensuite pendant un certain nombre d'années.

Sous prétexte que les chemins de fer ont été et sont encore encombrés, que les importations en France, dont l'article 9 du traité entendait faciliter la réalisation, n'ont pu s'effectuer dans le délai fixé, on prétend qu'il y a lieu de le prolonger de plusieurs mois.

Mais ce motif est à peine spécieux. Il est vrai que des retards ont été éprouvés dans les transports par voie ferrée, notamment entre Belfort et Mulhouse, mais la distance n'est pas si grande de Mulhouse à la frontière actuelle ; les chars ont suppléé aux waggons, et nous pouvons affirmer que depuis six mois il est entré en France une quantité de fabriqués de coton venant d'Alsace, beaucoup plus grande que celle qui existait dans cette province au commencement d'avril, augmentée de tout ce qui était destiné à la France en vertu de traités antérieurs, beaucoup plus grande que celle dont l'expédition se faisait habituellement vers l'intérieur dans la même période. Nous pouvons ajouter qu'il a été formé en France, dans ces derniers temps, de vastes magasins remplis de marchandises de mêmes nature et provenance, qui ont passé la frontière en franchise, qui attendent chez nous des acheteurs et qui surchargent notre marché, au moyen de quoi le stock actuel à Mulhouse est absolument nul. Malgré les difficultés du transport par voie ferrée, ou tout autre obstacle plus ou moins imaginaire, les immunités accordées à l'Alsace, par l'article 9 du traité de Francfort, ont donc été utilisées largement, complétement, bien au delà de leur but avoué.

Aucune raison plausible ne justifierait donc une plus longue durée de l'expédient imaginé par l'auteur du traité de Francfort, et toute prolongation aurait pour résultat désastreux, non-seulement l'ajournement indéfini, mais l'abandon de tout projet d'émigration ou de construction en France; car, nous le répétons, à une première prorogation qui garantira que d'autres ne succéderont pas?

Il ne faudrait pas, au surplus, s'exagérer la portée du mouvement qui s'opérera par l'assimilation, vis-à-vis de nous, de l'Alsace aux autres parties du Zollverein. La production alsacienne n'est pas la même que celle des Vosges. Tandis que nous fabriquons les filés et les calicots ordinaires, du poids de 7 à 10 kilogrammes par 100 mètres, nos voisins excellent à produire les filés fins et les tissus spéciaux, que notre outillage et l'inhabitude de nos ouvriers ne nous permettront d'entreprendre que petit à petit.

La transition que l'on prétend ménager à l'aide de faveurs douanières sera l'effet de la nature même des choses: l'Alsace ne rencontrera qu'à la longue notre concurrence sur le marché français. En attendant, un droit de 12 0/0 environ ne sera pas un obstacle à l'introduction chez nous des étoffes qui forment la production spéciale de l'Alsace; le consommateur français n'hésitera pas à payer ce droit, dont le trésor profitera, sans souffrance appréciable pour le producteur actuel. Ce résultat est d'autant plus inévitable que dans notre région nous manquons presque entièrement de manufactures d'impression et de blanchiment, et que ces préparations, appliquées d'une manière supérieure en Alsace, assureront la préférence au profit des tissus de cette provenance sur ceux qui pourraient venir d'autres contrées. Au contraire, la suppression ou la simple réduction du droit nous interdirait absolument de diriger nos efforts vers cette fabrication nouvelle pour nous, ce qui nous laisserait sous ce rapport les tributaires de l'étranger. Certes il faudra moins de temps à l'Alsace, avec les immenses et complètes resssources dont elle dispose pour approprier sa fabrication au marché allemand que nous n'en devrons mettre, nous, à qui généralement les grands capitaux et les relations commerciales font défaut, à fabriquer les produits spécialement alsaciens. L'exemption de droit dont nos voisins profitent actuellement, dont rien ne garantit qu'ils profitent seuls, et dont on parle de continuer le privilége, cause donc au trésor français, à l'industrie nationale, à nous-mêmes, un préjudice beaucoup plus grand que la suppresssion ne causerait de dommage à l'Alsace. S'il s'agissait de créer une préférence sur les nations étrangères, nous laisserions au gouvernement le soin des intérêts du trésor et nous appuierions de tous nos efforts la demande de nos amis ; mais ce sont nos propres intérêts qui sont en jeu, et nul ne paraît s'en soucier. Quelque sympathie pourtant que l'Alsace inspire et mérite, devons-nous lui être sacrifiés ? De ceux qui habitent la France, qui prennent part aux charges nationales, dont le travail concourt à la prospérité du pays, ou de ceux qui conservent leurs capitaux et leur industrie (malgré eux sans doute) au service d'une nation rivale dont ils augmentent ainsi la force et la grandeur, qui, loin de supporter le poids de nos impôts, en tirent au contraire avantage, qui donc convient-il de favoriser d'abord ?

N'a-t-on pas été jusqu'à prétendre que la fortune même de l'Alsace était compromise si les délais du traité n'étaient prolongés ? Nous avons indiqué le nombre et la perfection de ses instruments de travail, l'immensité de ses capitaux, l'habileté consommée, la science profonde, la parfaite aptitude de ses manufacturiers, et nous admettrions qu'elle va s'anéantir parce qu'au moment où elle acquiert la domination sur un marché de quarante millions d'Allemands, l'accès du marché français lui devient moins facile ! Sans doute l'industrie alsacienne doit introduire quelque modification dans les procédés de sa fabrication, dans la disposition de ses dessins, dans les conditions de ses ventes, pour s'adapter au goût et aux habitudes de l'Allemagne ; sans doute de là résulte pour elle un moment de trouble : est-ce une raison de douter de la sûreté de sa marche à l'avenir ? Comme elle a fait table rase dans ses magasins, en transportant tous ses produits en deçà de notre frontière, elle se trouve en très bonne situation pour s'appliquer, sans stock embarrassant, à la satisfaction des besoins de l'Allemagne. Mais c'est précisément ce qui ne fait pas l'affaire de celle-ci, et voilà pourquoi la diplomatie impériale met tant d'obstination à s'opposer au développement de notre industrie, de manière à entretenir de notre côté le courant des marchandises alsaciennes.

C'est là, au fond, la question alsacienne.

9 782014 100228